Impressum
Verlag: BABADADA GmbH, Nedderfeld 112 , 22529 Hamburg
Geschäftsführer / Verlagsleitung: Harald Hof
Druck: Books on Demand GmbH, In de Tarpen 42, 22848 Norderstedt

Imprint
Publisher: BABADADA GmbH, Nedderfeld 112 , 22529 Hamburg, Germany
Managing Director / Publishing direction: Harald Hof
Print: Books on Demand GmbH, In de Tarpen 42, 22848 Norderstedt

skool

學校

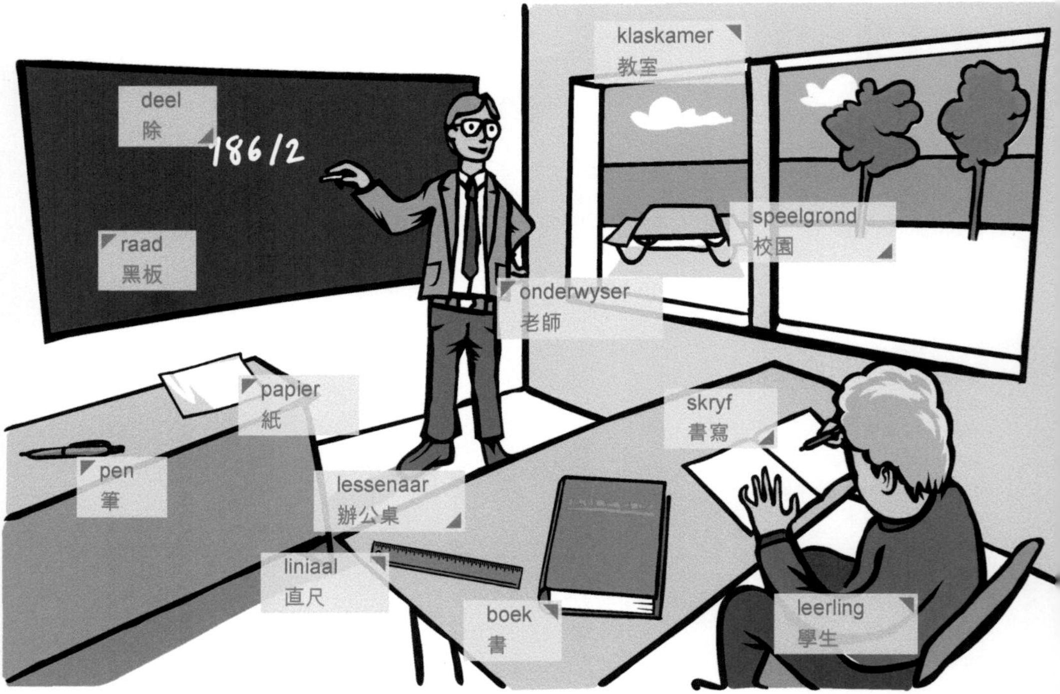
klaskamer
教室
deel
除
186/2
raad
黑板
speelgrond
校園
onderwyser
老師
papier
紙
skryf
書寫
pen
筆
lessenaar
辦公桌
liniaal
直尺
boek
書
leerling
學生

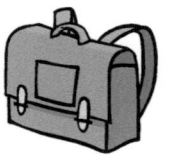

skooltas
書包

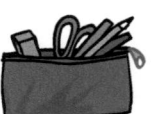

potloodhouer
鉛筆盒

potlood
鉛筆

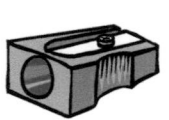

skerpmaker
削鉛筆機

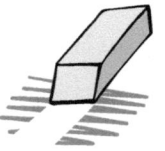

rubber
橡皮擦

tekenblok
畫板

tekening

圖畫

verfkwas

畫筆

verfoppervlak

顏料盒

skêr

剪刀

gom

膠水

oefenboek

練習冊

huiswerk

家庭作業

aantal

數字

optel

加

aftrek

減

maal

乘

bereken

計算

brief

字母

alaphabet

字母表

woord

字

teks

課文

lees

讀

kryt

粉筆

les

上課

registreer

登記

eksamen

考試

sertifikaat

證書

skooluniform

校服

onderwys

教育

ensiklopedie

百科全書

universiteit

大學

mikroskoop

顯微鏡

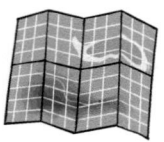

kaart

地圖

vullisdrom

廢紙簍

reis
旅行

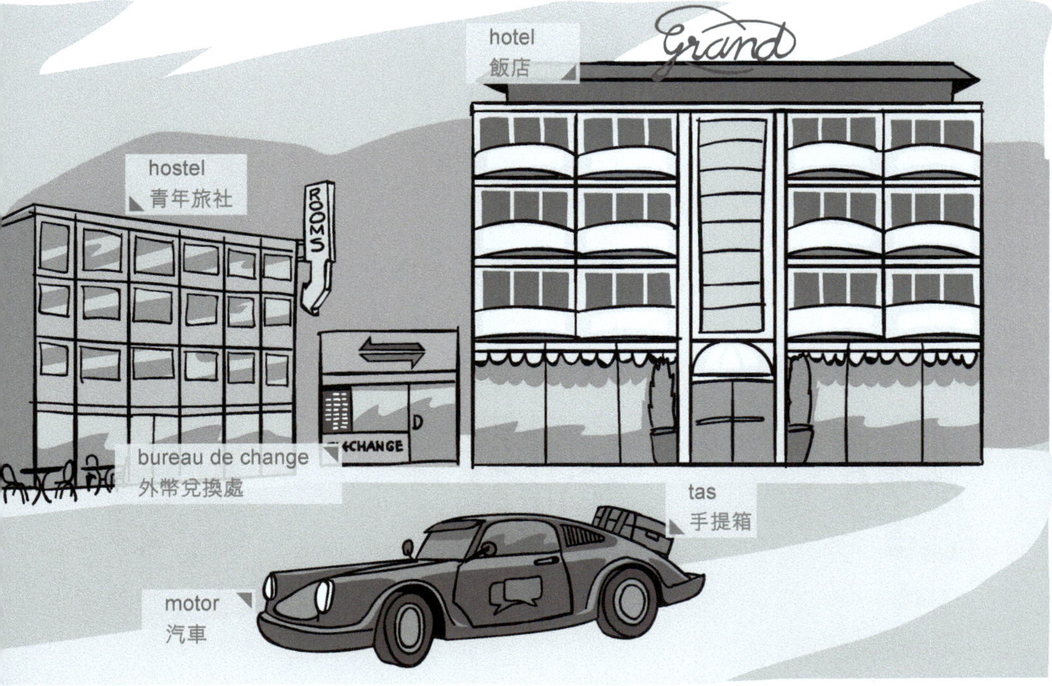
hotel
飯店
Grand
hostel
青年旅社
ROOMS
bureau de change
外幣兌換處
EXCHANGE
tas
手提箱
motor
汽車

taal

語言

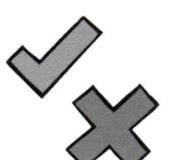

ja / nee

是/否

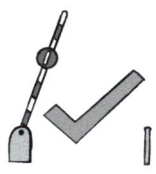

Goed

好的

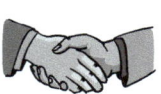

hallo

您好

vertaler

翻譯人員

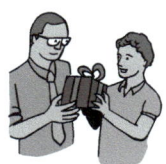

Dankie

謝謝

hoeveel is...?

......多少錢？

Ek verstaan nie

我不明白

probleem

問題

Goeie naand!

晚上好！

Goeie môre!

早上好！

Goeie nag!

晚安！

totsiens

再見

rigting

方向

bagasie

行李

sak

包

rugsak

背包

gas

客人

kamer

房間

slaapsak

睡袋

tent

帳篷

reis - 旅行

toeriste-inligting

旅行資訊

strand

海灘

kredietkaart

信用卡

ontbyt

早餐

middagete

午餐

aandete

晚餐

kaartjie

票

hysbak

電梯

posseël

郵票

grens

邊界

doeane

海關

ambassade

大使館

visum

簽證

paspoort

護照

vervoer

交通運送

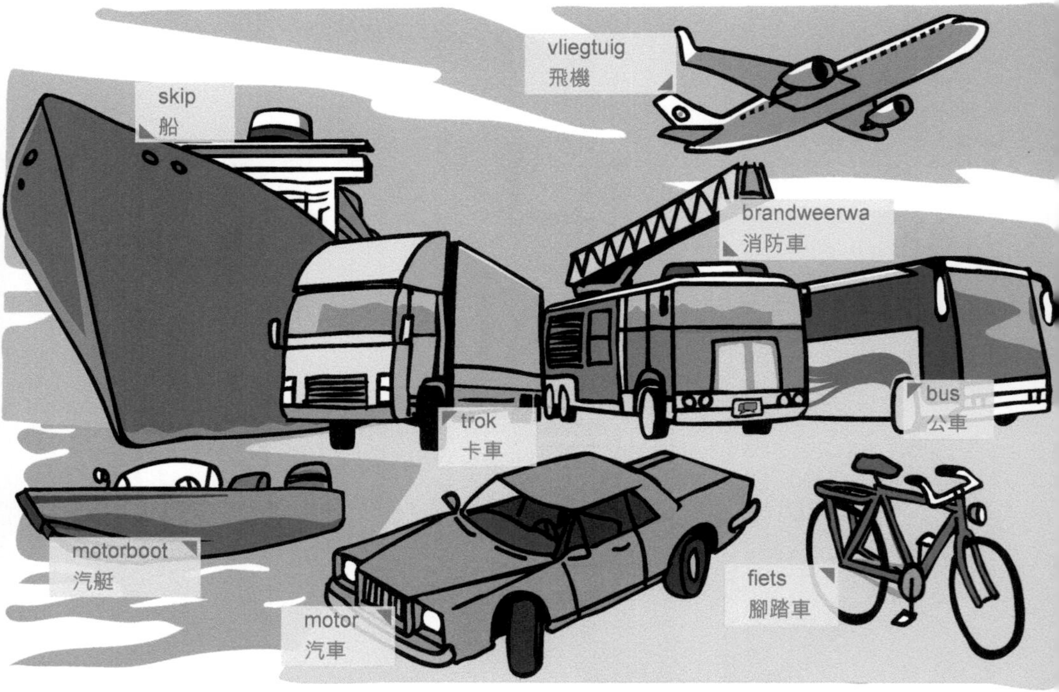
vliegtuig
飛機
skip
船
brandweerwa
消防車
trok
卡車
bus
公車
motorboot
汽艇
fiets
腳踏車
motor
汽車

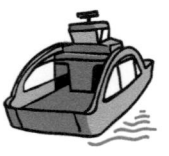

veerboot

渡輪

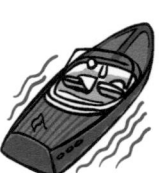

boot

小船

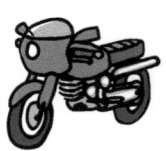

motorfiets

機車

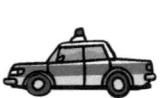

polisiemotor

警車

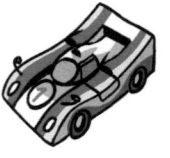

renmotor

賽車

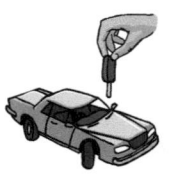

huurmotor

租車

car-sharing

拼車

insleepvoertuig

拖車

vullisverwydering

垃圾車

enjin

馬達

brandstof

汽油

vulstasie

加油站

verkeersteken

交通標識

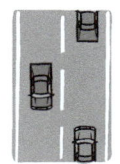

verkeer

交通

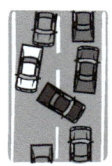

verkeersknoop

交通堵塞

parkeerplek

停車場

stasie

火車站

spore

軌道

trein

火車

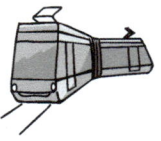

tram

路面電車

wa

客車廂

helikopter

直升機

lughawe

機場

toring

塔

passasier

乘客

houer

集裝箱

karton

紙板箱

karretjie

手推車

mandjie

籃子

opstyg / land

起飛/降落

stad

城市

dorpie

村莊

middestad

市中心

huis

房子

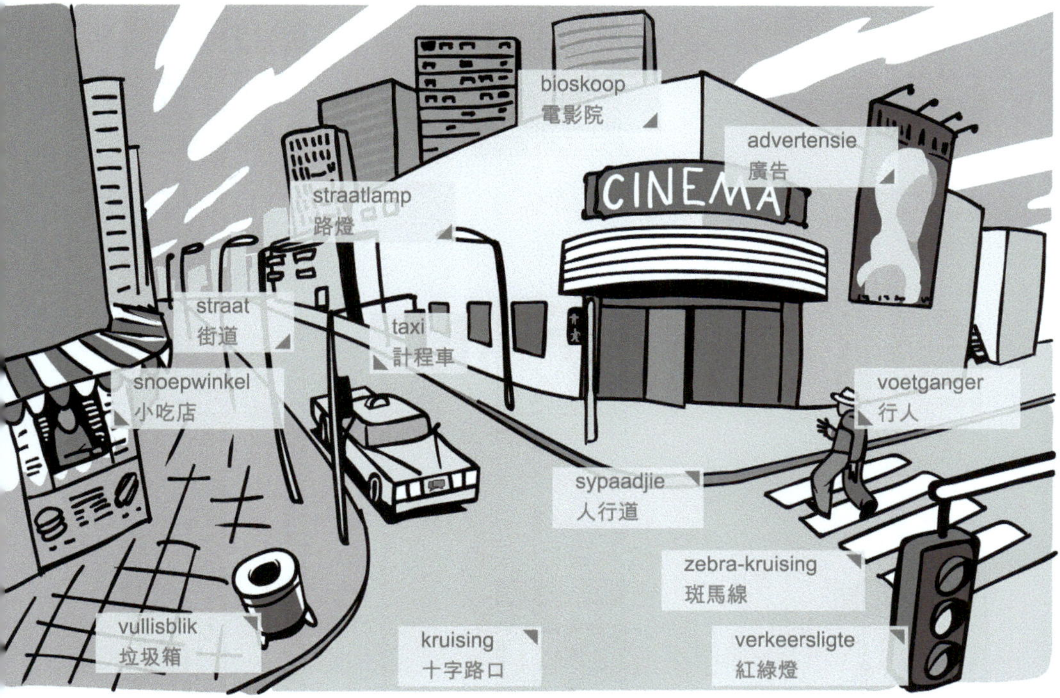
CINEMA
bioskoop
電影院
advertensie
廣告
straatlamp
路燈
straat
街道
taxi
計程車
snoepwinkel
小吃店
voetganger
行人
sypaadjie
人行道
zebra-kruising
斑馬線
vullisblik
垃圾箱
kruising
十字路口
verkeersligte
紅綠燈

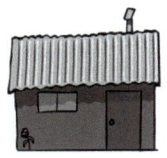

hut

小屋

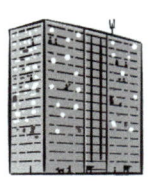

woonstel

公寓

stasie

火車站

stadsaal

市政廳

MUSEUM

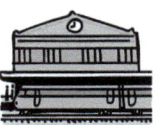

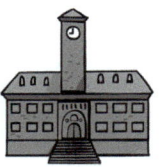

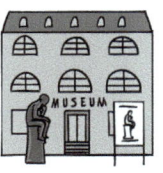

museum

博物館

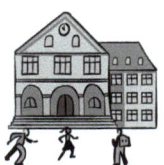

skool

學校

universiteit

大學

bank

銀行

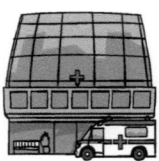

hospitaal

醫院

hotel

飯店

apteek

藥房

kantoor

辦公室

boekwinkel

書店

winkel

商店

bloemis

花店

supermark

超市

mark

市場

handelshuis

百貨商店

viswinkel

魚店

inkopiesentrum

購物中心

hawe

海港

park

公園

bankie

長凳

brug

橋

trappe

樓梯

moltrein

捷運

tonnel

隧道

bushalte

公車站

kroeg

酒吧

restaurant

餐館

posbus

郵筒

straatnaambord

路標

parkeermeter

停車計時器

dieretuin

動物園

swembad

游泳池

moskee

清真寺

plaas
農場

besoedeling
污染

begraafplaas
墓地

kerk
教堂

speelgrond
操場

tempel
寺廟

landskap
地形

blaar
樹葉

padwyser
指示牌

pad
路

weiland
草地

klip
石頭

boom
樹

voetslaner
徒步旅行者

rivier
河

gras
草

blom
花

vallei

峽谷

heuwel

丘陵

meer

湖

bos

森林

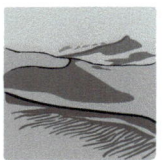

woestyn

沙漠

vulkaan

火山

kasteel

城堡

reënboog

彩虹

sampioen

蘑菇

palmboom

棕櫚樹

muskiet

蚊子

vlieg

蒼蠅

mier

螞蟻

by

蜜蜂

spinnekop

蜘蛛

miskruier

甲蟲

padda

青蛙

eekhoring

松鼠

krimpvarkie

刺蝟

haas

野兔

uil

貓頭鷹

voël

鳥

swaan

天鵝

wildevark

野豬

takbok

鹿

elk

麋鹿

opgaardam

水壩

windturbine

風力發電機

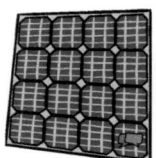

sonpaneel

太陽能電池板

klimaat

氣候

restaurant
餐館

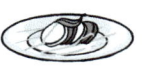

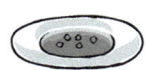

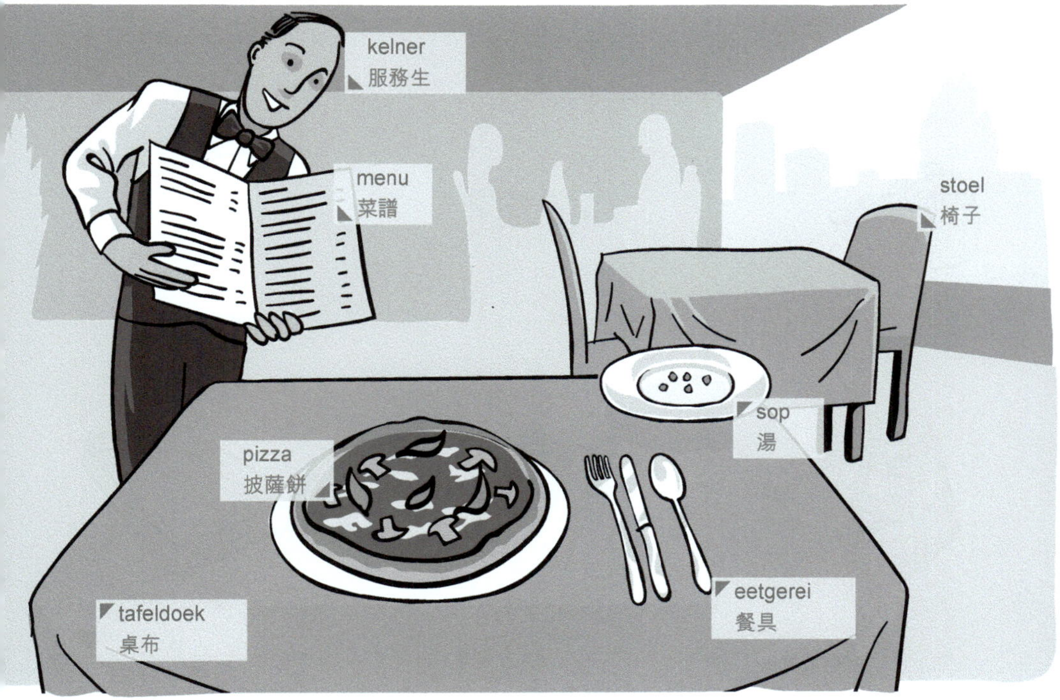
kelner
服務生
menu
菜譜
stoel
椅子
sop
湯
pizza
披薩餅
eetgerei
餐具
tafeldoek
桌布

voorgereg

前菜

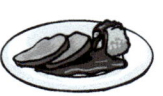

hoofgereg

主菜

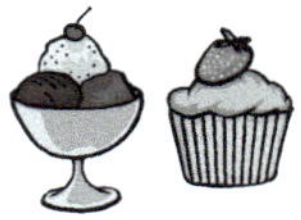

nagereg

甜點

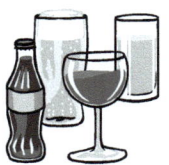

drankies

飲料

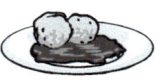

kos

食物

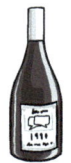

bottel

瓶子

kitskos
....
速食

straatkos
....
街邊小吃

teepot
....
茶壺

suikerverpakking
....
糖盒

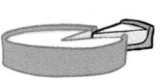

porsie
....
一份飯菜

espresso masjien
....
義式咖啡機

hoë stoel
....
高腳椅

rekening
....
帳單

skinkbord
....
托盤

mes
....
刀

vurk
....
餐叉

lepel
....
勺子

teelepel
....
茶匙

servet
....
餐巾

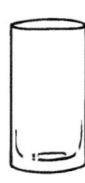

glas
....
玻璃杯

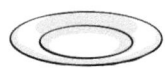

gereg

碟子

sopbakkie

湯盤

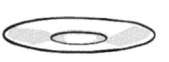

piering

碟子

sous

醬

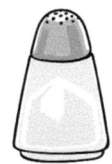

soutpot

鹽瓶

pepermeul

胡椒研磨罐

asyn

醋

olie

食用油

speserye

調味料

tamatiesous

番茄醬

mosterd

芥末

mayonaise

美乃滋

supermark

超市

spesiale aanbieding
特價
kliënt
顧客
FOR
suiwelprodukte
乳製品
vrugte
水果
trollie
購物車

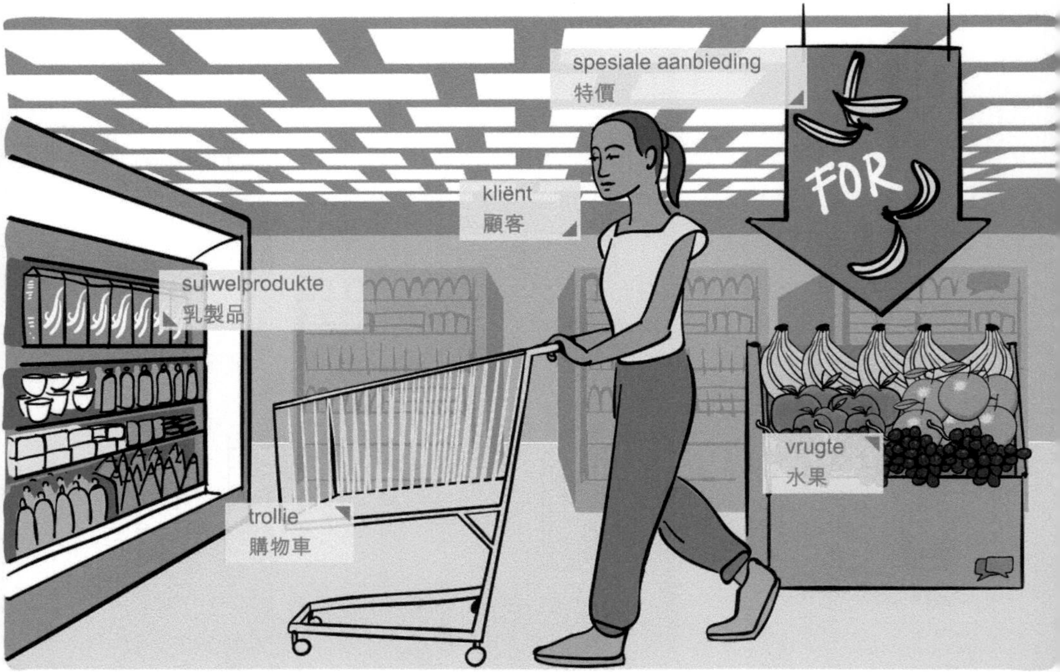

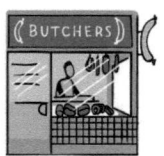

BUTCHERS

slaghuis

肉鋪

BAKERY

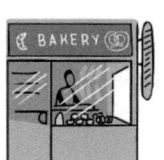

bakkery

麵包店

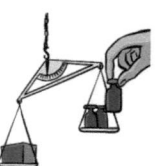

weeg

稱重

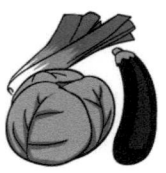

groente

蔬菜

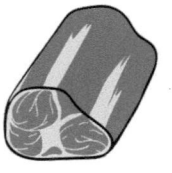

vleis

肉

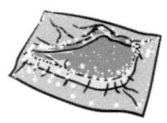

bevrore voedsel

冷凍食品

kouevleis

冷盤

blikkieskos

罐頭食品

waspoeier

洗衣粉

lekkers

甜食

huishoudelike produkte

日用品

skoonmaakprodukte

清潔用品

verkoopsvrou

銷售員

kasregister

收銀機

kassier

收銀員

inkopielys

購物清單

besigheidsure

開放時間

beursie

錢包

kredietkaart

信用卡

sak

袋子

plastieksak

塑膠袋

water

水

sap

果汁

melk

牛奶

coke

可樂

wyn

紅酒

bier

啤酒

alkohol

酒

kakao

可可

tee

茶

koffie

咖啡

espresso

義式濃縮咖啡

cappuccino

卡布奇諾

piesang

香蕉

appel

蘋果

lemoen

柳丁

waatlemoen

西瓜

suurlemoen

檸檬

wortel

胡蘿蔔

knoffel

大蒜

bamboes

竹子

ui

洋蔥

sampioen

蘑菇

neute

堅果

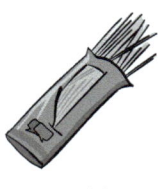

noedels

麵條

spaghetti

義大利麵

rys

米飯

slaai

沙拉

aartappelskyfies

薯條

gebraaide aartappels

炸馬鈴薯

pizza

披薩餅

hamburger

漢堡

toebroodjie

三明治

kotelet

炸豬排

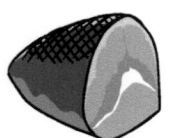

ham

火腿

salami

義大利臘腸

wors

香腸

hoender

雞肉

braaivleis

烤肉

vis

魚

hawermoutflokkies

燕麥片

muesli

木斯里

graanvlokkies

玉米片

meel

麵粉

croissant

牛角麵包

broodrolletjie

麵包捲

brood

麵包

roosterbrood

吐司

koekies

餅乾

botter

奶油

dikmelk

凝乳

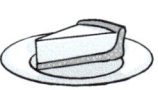

koek

蛋糕

eier

蛋

gebraaide eier

煎蛋

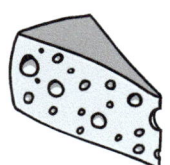

kaas

起司

roomys

冰淇淋

suiker

糖

heuning

蜂蜜

konfyt

果醬

nougat-smeer

巧克力醬

kerrie

咖哩

plaas
農場

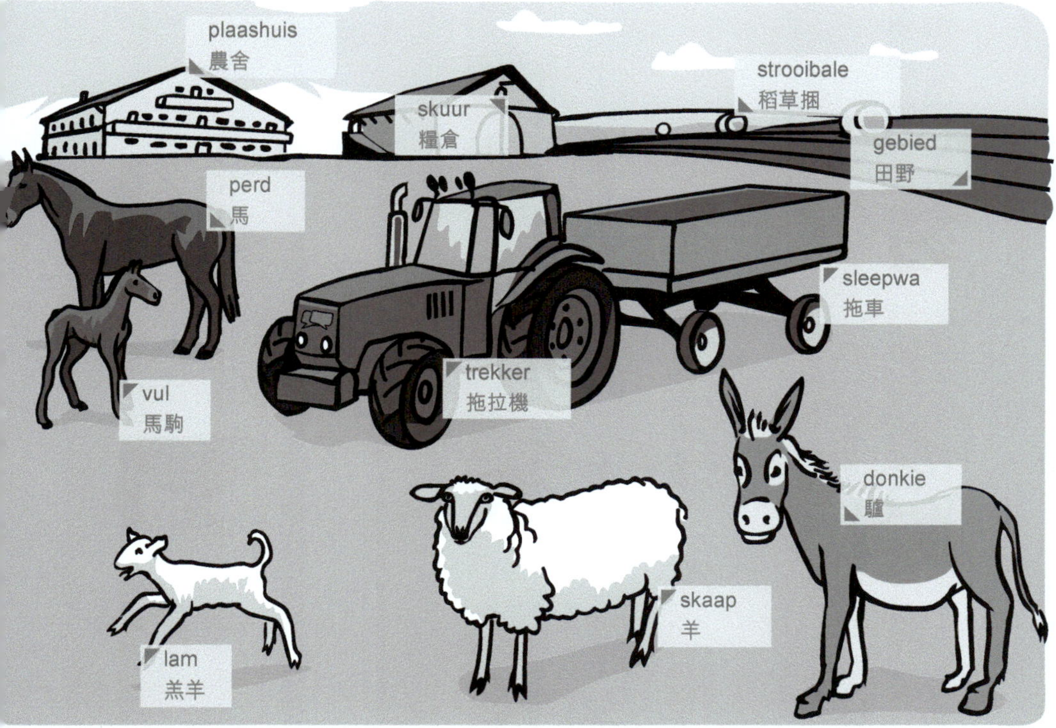
plaashuis
農舍
skuur
糧倉
strooibale
稻草捆
gebied
田野
perd
馬
sleepwa
拖車
trekker
拖拉機
vul
馬駒
donkie
驢
skaap
羊
lam
羔羊

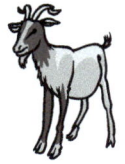

bok

山羊

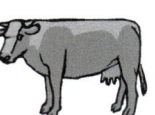

koei

奶牛

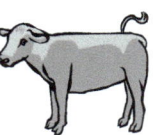

kalf

小牛

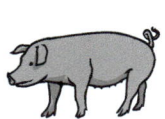

vark

豬

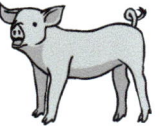

varkie

小豬

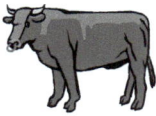

bul

公牛

gans

鵝

eend

鴨

kuiken

小雞

hen

母雞

haan

公雞

rot

鼠

kat

貓

muis

老鼠

os

牛

hond

狗

hondehok

狗屋

tuinslang

花園澆水軟管

gieter

澆水壺

sens

長柄大鐮刀

ploeg

犁

sekel

鐮刀

skoffel

鋤頭

gaffel

長柄草耙

byl

斧頭

kruiwa

獨輪手推車

trog

飼料槽

melkkan

牛奶罐

sak

麻布袋

heining

柵欄

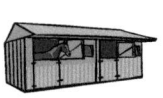

stal

馬廄

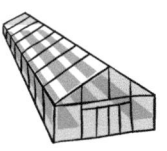

kweekhuis

溫室

grond

土壤

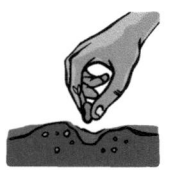

saad

種子

kunsmis

肥料

stroper

聯合收割機

oes

收割

oes

收割

yam

地瓜

koring

小麥

soja

大豆

aartappel

土豆

koring

玉米

raapsaad

油菜籽

vrugteboom

果樹

broodwortel

樹薯

graan

穀物

huis
房子

skoorsteen
煙囪
dak
屋頂
dreinpyp
落水管
venster
窗戶
garage
車庫
deurklokkie
門鈴
deur
門
vullisdrom
垃圾桶
posbus
信箱
tuin
花園

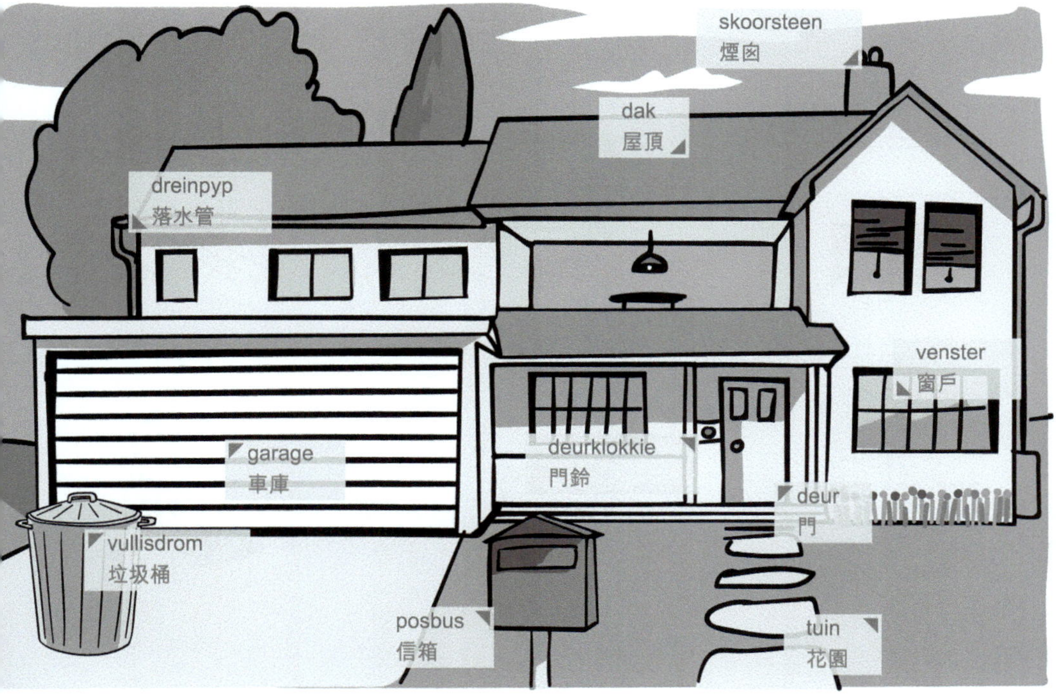

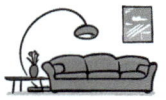

woonkamer
客廳

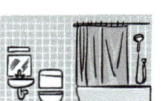

badkamer
浴室

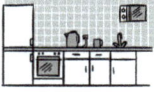

kombuis
廚房

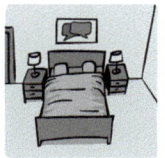

slaapkamer
臥室

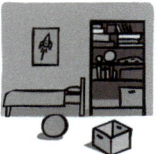

kinderkamer
兒童房

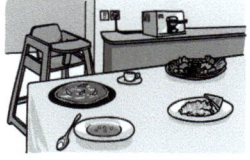

eetkamer
餐廳

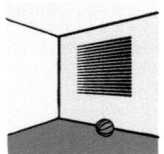

vloer

地板

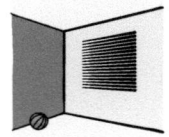

muur

牆壁

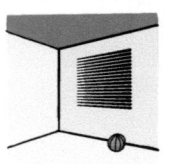

plafon

天花板

kelder

地窖

sauna

三溫暖

balkon

陽臺

terras

露臺

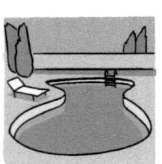

swembad

游泳池

grassnyer

割草機

beddegoedoortreksel

被單

deken

床罩

bed

床

besem

掃帚

emmer

水桶

skakelaar

開關

woonkamer
客廳

muurpapier
壁紙
prentjie
相片
lamp
檯燈
rak
擱架
kas
櫥櫃
kaggel
壁爐
televisie
電視
blom
花
kussing
墊子
rusbank
沙發
vaas
花瓶
afstandbeheer
遙控器

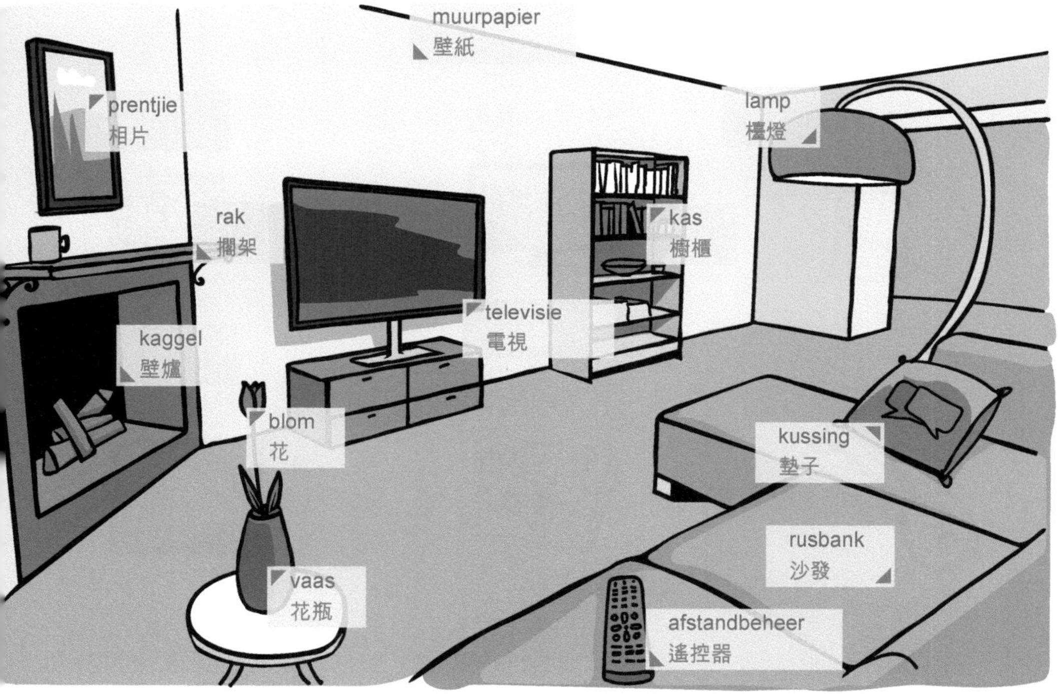

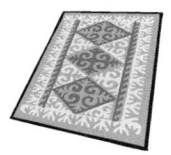

mat
地毯

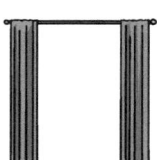

gordyn
窗簾

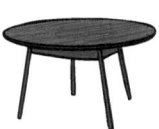

tafel
餐桌

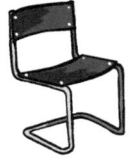

stoel
椅子

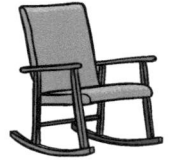

wiegstoel
搖椅

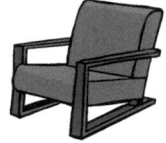

leunstoel
扶手椅

boek

書

kombers

毯子

versiering

裝飾品

vuurmaakhout

木柴

film

電影

hoëtroustel

高傳真音響

sleutel

鑰匙

koerant

報紙

skildery

油畫

plakkaat

海報

radio

收音機

notaboekie

筆記本

stofsuier

吸塵器

kaktus

仙人掌

kers

蠟燭

kombuis
廚房

yskas
冰箱
mikrogolfoond
微波爐
kombuis skaal
廚房秤
broodrooster
烤麵包機
skoonmaakmiddel
洗潔精
oond
烤箱
vrieshokkie
冰櫃
vullisdrom
垃圾桶
skottelgoedwasser
洗碗機

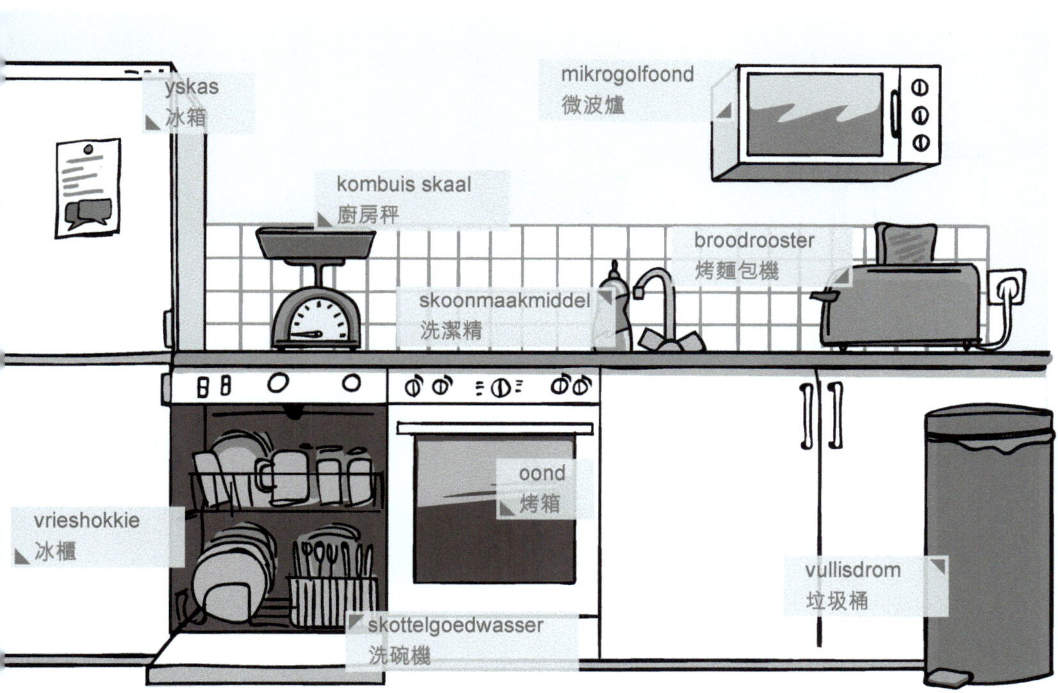

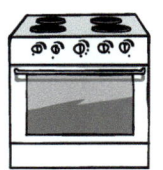

drukkoker
炊具

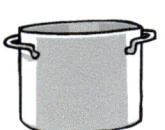

pot
鍋

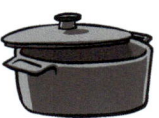

ysterpot
鑄鐵鍋

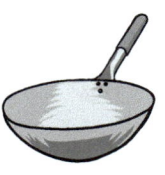

wok / kadai
炒鍋

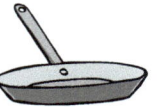

pan
平底鍋

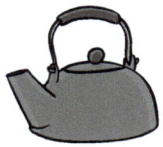

ketel
水壺

stoomkoker

蒸鍋

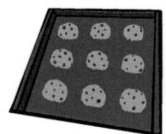

bakplaat

烤盤

breekware

陶瓷鍋

beker

馬克杯

bak

碗

eetstokkie

筷子

skeplepel

長柄勺

spatel

鏟子

klitser

攪拌器

sif

濾網

sif

篩子

rasper

磨碎機

vysel

研缽

braai

燒烤

oop vuur

明火

broodplank

菜板

koekroller

擀麵杖

kurktrekker

開瓶器

kan

罐子

blikoopmaker

開罐器

vatlap

隔熱手套

opwasbak

水槽

borsel

刷子

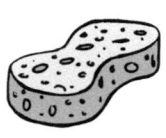

spons

海綿

menger

攪拌機

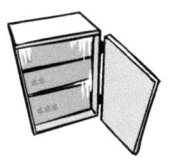

vrieskas

冷藏箱

bababottel

奶瓶

kraan

水龍頭

badkamer

浴室

verwarming
供暖裝置

stort
淋浴

handdoek
毛巾

stortgordyn
浴簾

borrel bad
泡沫浴

bad
浴缸

glas
玻璃杯

wasmasjien
洗衣機

teëls
瓷磚

kraan
水龍頭

potjie
便壺

opwasbak
水槽

toilet
廁所

hurktoilet
蹲便器

bidet
坐浴器

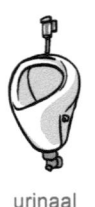
urinaal
小便斗

toiletpapier
廁紙

toiletborsel
馬桶刷

tandeborsel

牙刷

tandepasta

牙膏

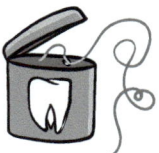

tande vlos

牙線

was

洗

handstort

手持式蓮蓬頭

stort

沖洗器

wasbak

洗臉盆

rugkantborsel

洗背刷

seep

肥皂

stortgel

沐浴露

sjampoe

洗髮乳

flanel

法蘭絨

drein

排水

room

乳霜

reukweerder

除臭劑

spieël

鏡子

spieëltjie

手鏡

skeermes

刮鬍刀

skeerroom

刮鬍泡沫

naskeermiddel

鬍後水

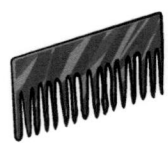

kam

梳子

borsel

刷子

haardroër

吹風機

haarsproei

噴髮定型劑

grimmering

化妝品

lipstifie

唇膏

naellak

指甲油

watte

化妝棉

naelknipper

指甲剪

parfuum

香水

toiletsakkie

洗漱包

stoel

凳子

skaal

計重秤

badjas

浴袍

rubberhandskoene

橡膠手套

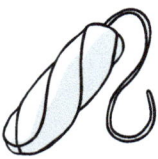

tampon

衛生棉條

sanitêre handdoek

衛生棉

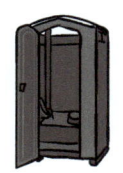

chemiese toilet

化學廁所

kinderkamer
兒童房

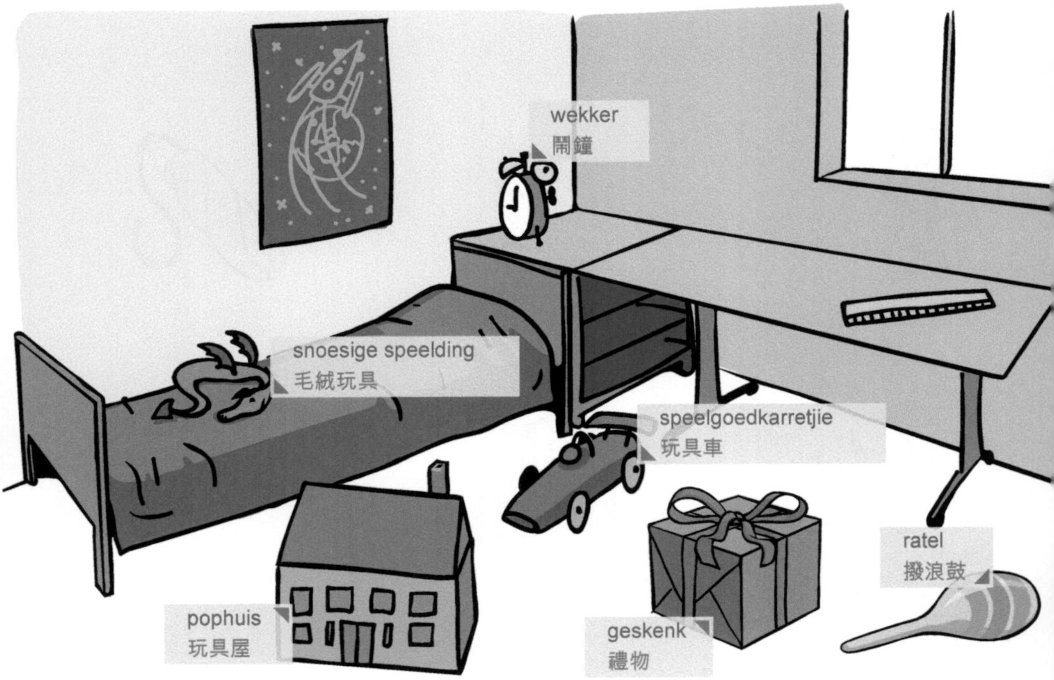

wekker
鬧鐘

snoesige speelding
毛絨玩具

speelgoedkarretjie
玩具車

ratel
撥浪鼓

pophuis
玩具屋

geskenk
禮物

ballon

氣球

bed

床

stootwaentjie

嬰兒車

kaartespel

撲克牌

legkaart

拼圖

tekenprent

漫畫

42   **kinderkamer - 兒童房**

lego-blokkies

樂高積木

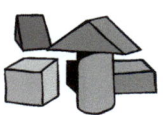

speelgoedblokke

積木玩具

animasieheld

公仔

groeipakkie

嬰兒服

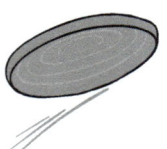

frisbee

飛盤

mobile

床鈴玩具

bordspeletjie

棋盤遊戲

dobbelsteen

骰子

model trein stel

火車模型

fopspeen

安撫奶嘴

partytjie

派對

prenteboek

繪本

bal

球

pop

洋娃娃

speel

玩

sandput

沙坑

swaai

鞦韆

speelgoed

玩具

videospeletjie-konsole

電玩遊戲

driewiel

三輪車

teddiebeer

泰迪熊

klerekas

衣櫃

klere

衣服

sokkies

襪子

kouse

長襪

broekiekouse

緊身褲

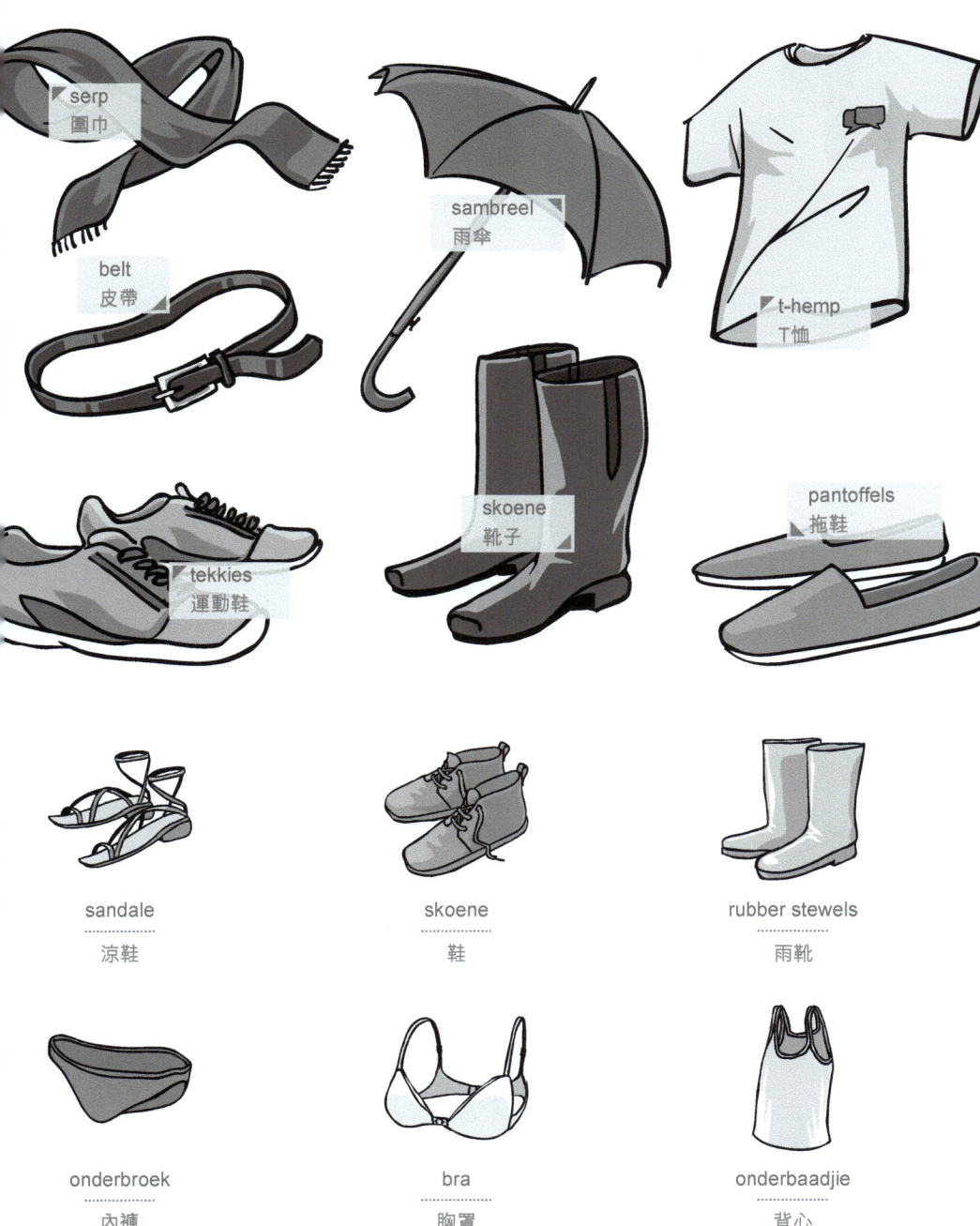

serp
圍巾

belt
皮帶

sambreel
雨傘

t-hemp
T恤

tekkies
運動鞋

skoene
靴子

pantoffels
拖鞋

sandale

涼鞋

skoene

鞋

rubber stewels

雨靴

onderbroek

內褲

bra

胸罩

onderbaadjie

背心

liggaam

身體

broek

褲子

jeans

牛仔褲

romp

短裙

bloes

女式襯衫

hemp

襯衫

oortrektrui

套頭衫

oortrektrui

連帽上衣

baadjie

西裝夾克

baadjie

夾克

jas

外套

reënjas

雨衣

kostuum

套裝

rok

連衣裙

trourok

婚紗

pak

西裝

nagrok

睡袍

pajamas

睡衣

sari

莎麗

kopdoek

頭巾

tulband

包頭巾

burqa

波卡

kaftan

卡夫坦

abaya

(阿拉伯式)長袍

swembroek

泳衣

swembroek

男式泳褲

kortbroek

短褲

sweetpak

運動服

voorskoot

圍裙

handskoene

手套

knoppie

鈕扣

bril

眼鏡

armband

手鏈

halssnoer

項鍊

ring

戒指

oorbel

耳環

pet

便帽

klerehanger

衣架

hoed

帽子

das

領帶

rits

拉鍊

helmet

安全帽

draadjies

背帶

skooluniform

校服

uniform

制服

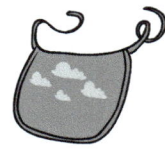

bib

圍兜

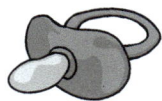

fopspeen

安撫奶嘴

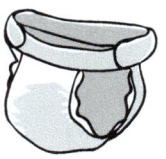

doek

尿布

kantoor

辦公室

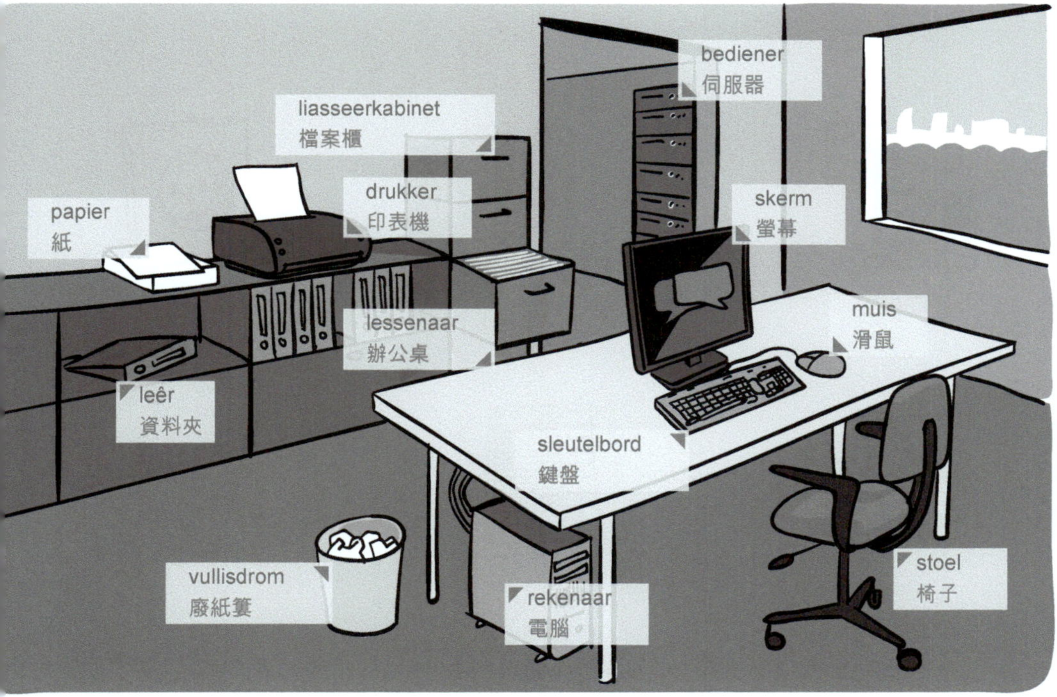
bediener
伺服器
liasseerkabinet
檔案櫃
drukker
印表機
papier
紙
skerm
螢幕
muis
滑鼠
lessenaar
辦公桌
leêr
資料夾
sleutelbord
鍵盤
vullisdrom
廢紙簍
rekenaar
電腦
stoel
椅子

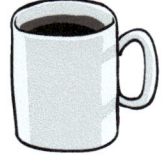

koffiebeker

咖啡杯

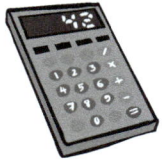

sakrekenaar

計算機

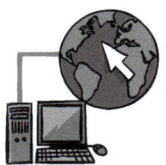

internet

網際網路

skootrekenaar

筆記型電腦

brief

信件

boodskap

簡訊

selfoon

行動電話

netwerk

網路

fotostaatmasjien

影印機

sagteware

軟體

telefoon

電話

muurprop

插座

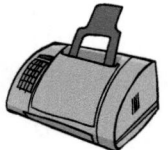

faksmasjien

傳真機

vorm

表格

dokument

檔案

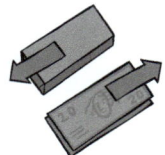

koop

買

betaal

付錢

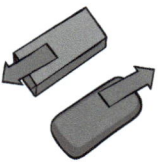

besigheid doen

交易

geld

現金

dollar

美元

euro

歐元

yen

日元

roebel

盧布

switserse frank

瑞士法郎

renminbi yuan

人民幣

rupee

盧比

kontantteller (ATM)

提款處

bureau de change

外幣兌換處

goud

金

silwer

銀

olie

石油

energie

能源

prys

價格

kontrak

合約

belasting

稅金

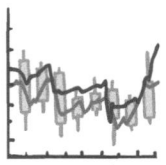

aandele

股票

werk

工作

werknemer

職員

werkgewer

老闆

fabriek

工廠

winkel

商店

beroepe
職業

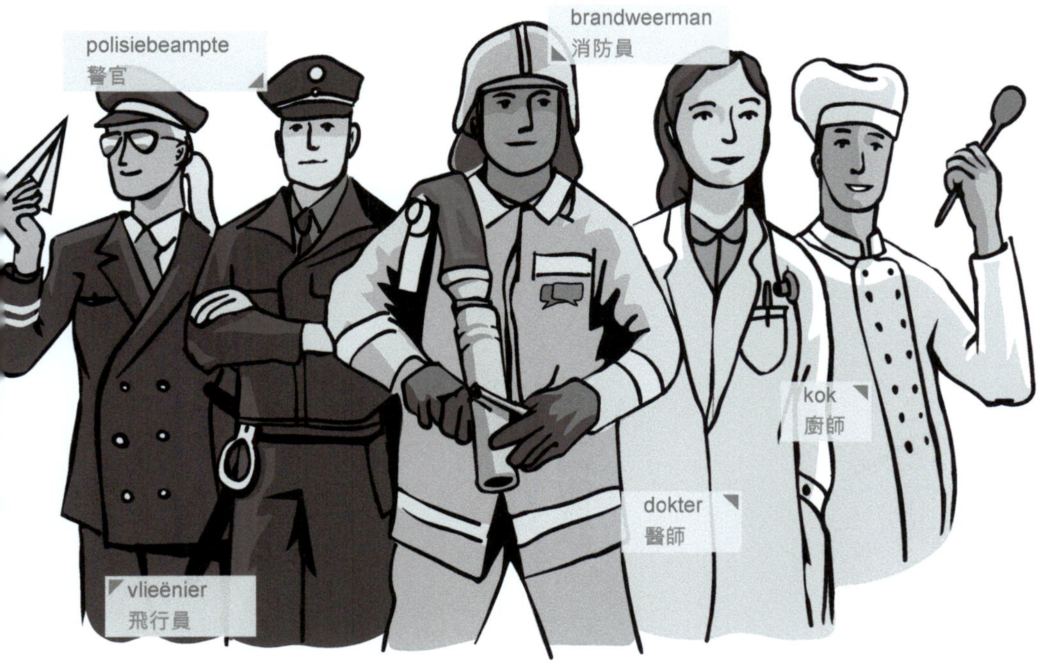

polisiebeampte
警官
brandweerman
消防員
kok
廚師
dokter
醫師
vlieënier
飛行員

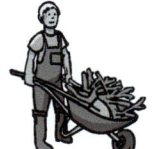

tuinier

園丁

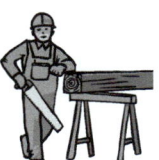

timmerman

木匠

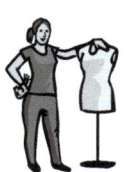

naaldwerkster

裁縫

regter

法官

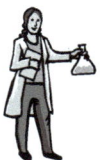

chemikus

化學家

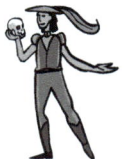

akteur

演員

busbestuurder

公車司機

taxibestuurder

計程車司機

visserman

漁夫

skoonmaakvrou

清洗女工

dakwerker

屋頂工

kelner

服務生

jagter

獵人

skilder

畫家

bakker

麵包師

elektrisiën

電工

bouer

建築工人

ingenieur

工程師

slagter

屠夫

loodgieter

水管工

posman

郵差

soldaat

士兵

argitek

建築師

kassier

收銀員

bloemiste

花農

haarkapper

理髮師

kondukteur

售票員

werktuigkundige

機械技師

kaptein

船長

tandarts

牙醫

wetenskaplike

科學家

rabbi

拉比

imam

伊瑪目

monnik

和尚

predikant

牧師

gereedskap

工具

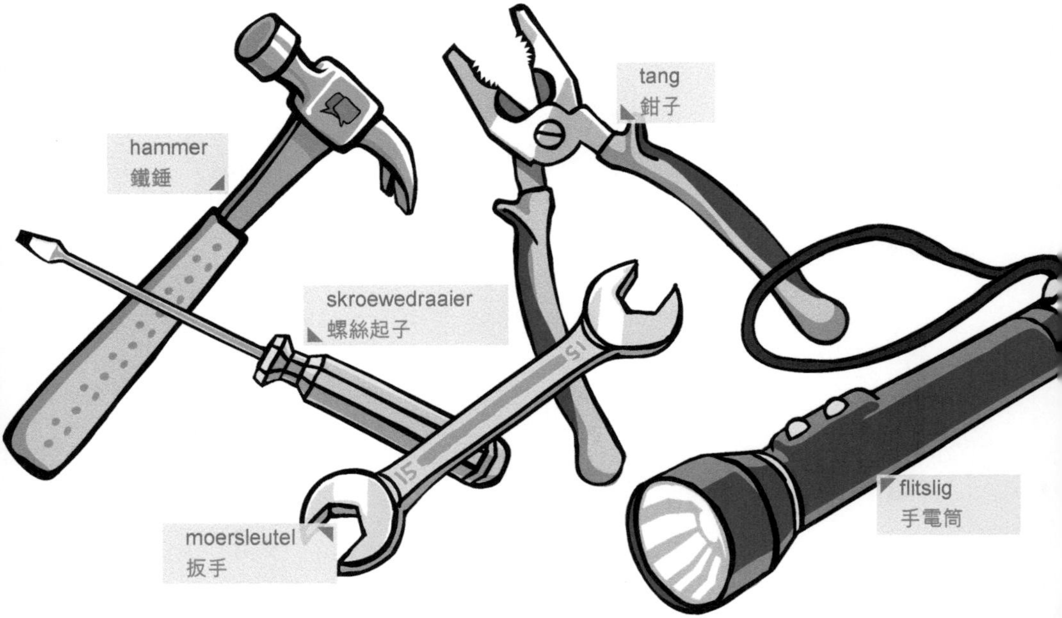

hammer
鐵錘
tang
鉗子
skroewedraaier
螺絲起子
moersleutel
扳手
flitslig
手電筒

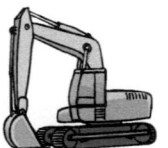

graaftoestel

挖掘機

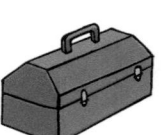

gereedskapskis

工具箱

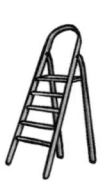

leer

梯子

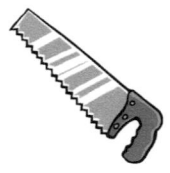

saag

鋸子

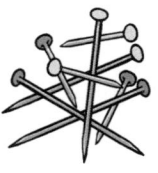

naels

釘子

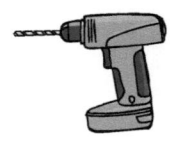

boor

鑽機

regmaak

修

graaf

鏟子

verdomp!

糟糕！

skoppie

畚箕

verfpot

油漆桶

skroewe

螺絲

musiekinstrumente
樂器

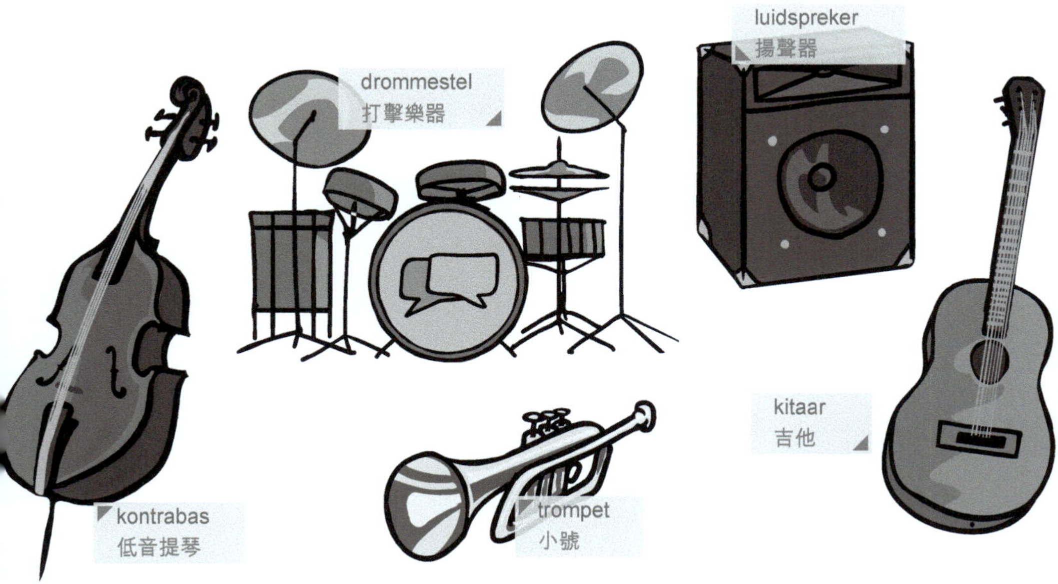

drommestel
打擊樂器 ◢

luidspreker
揚聲器

kitaar
吉他 ◢

◣ kontrabas
低音提琴

trompet
小號

klavier

鋼琴

viool

小提琴

bas

貝斯

keteltrom

定音鼓

dromme

鼓

sleutelbord

電子琴

saksofoon

薩克斯風

fluit

長笛

mikrofoon

麥克風

dieretuin
動物園

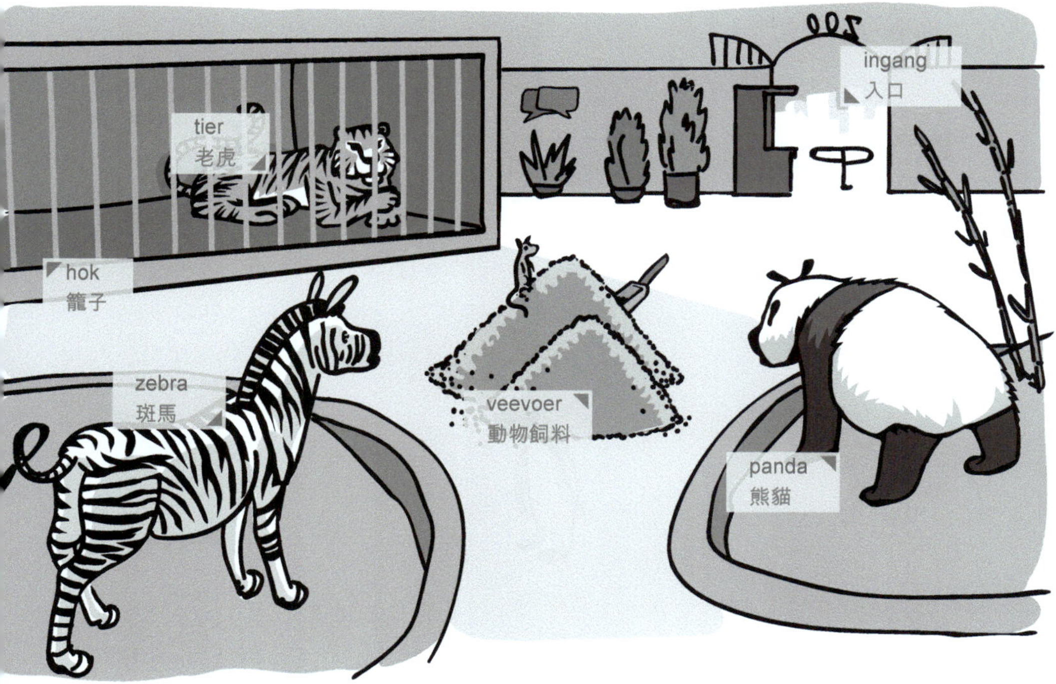
ingang
入口
tier
老虎
hok
籠子
zebra
斑馬
veevoer
動物飼料
panda
熊貓

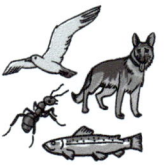

diere

動物

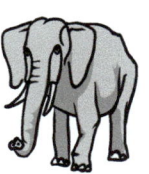

olifant

大象

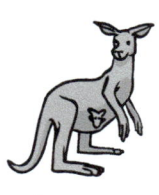

kangaroo

袋鼠

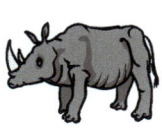

renoster

犀牛

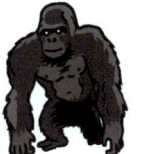

gorilla

大猩猩

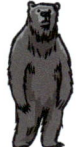

beer

熊

kameel

駱駝

volstruis

鴕鳥

leeu

獅子

aap

猴子

flamink

紅鶴

papegaai

鸚鵡

ysbeer

北極熊

pikkewyn

企鵝

haai

鯊魚

pou

孔雀

slang

蛇

krokodil

鱷魚

dieretuinopsigter

動物園管理員

rob

海豹

jaguar

美洲豹

ponie

矮種馬

luiperd

豹

seekoei

河馬

kameelperd

長頸鹿

arend

老鷹

wildevark

野豬

vis

魚

skilpad

龜

walrus

海象

jakkals

狐狸

gemsbok

羚羊

Amerikaanse Voetbal
橄欖球

fietsry
騎腳踏車

tennis
網球

basketbal
籃球

swem
游泳

boks
拳擊

ys-hokkie
冰球

sokker
美式足球

pluimbal
羽毛球

atletiek
田徑

handbal
手球

ski
滑雪

polo
馬球

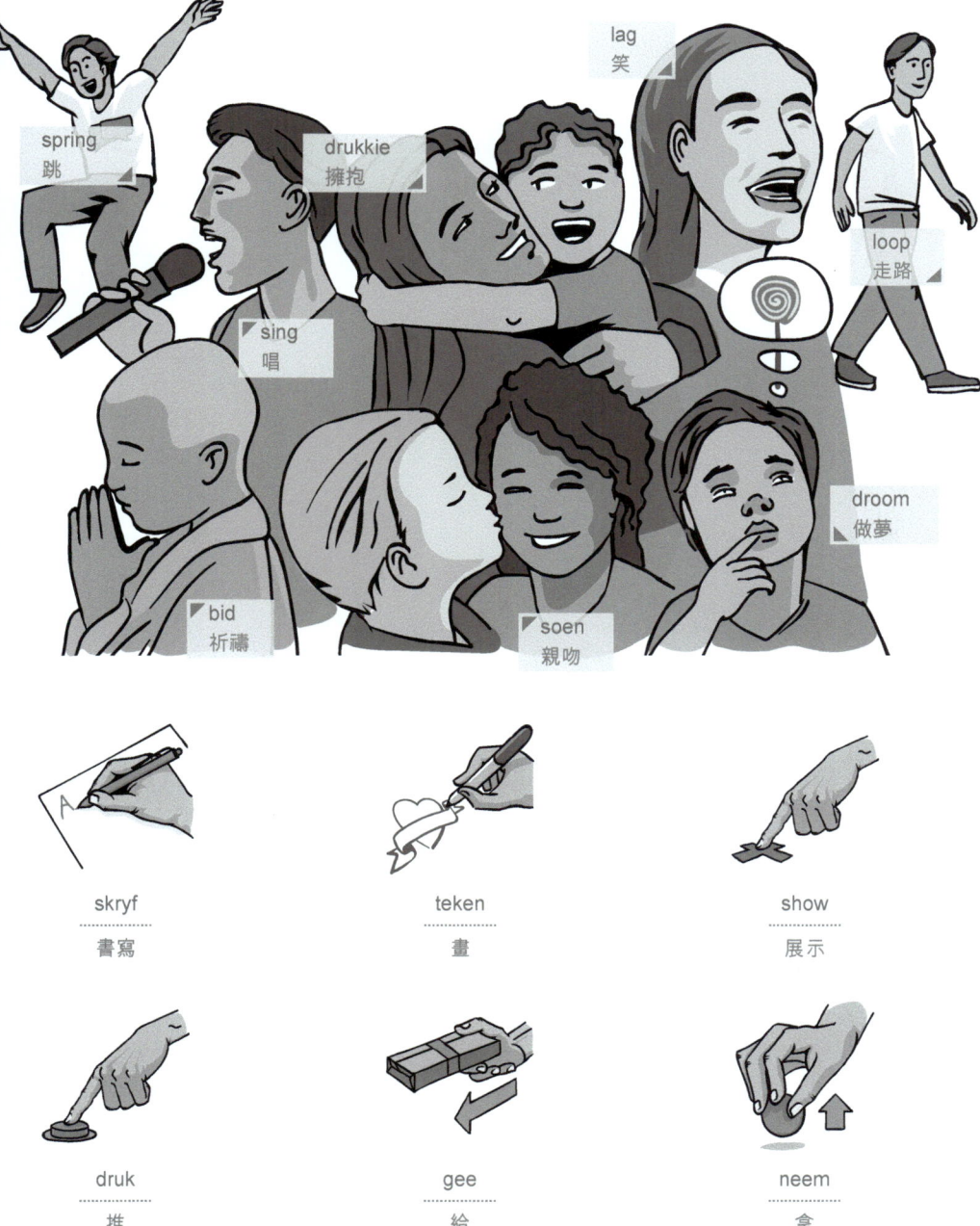

spring
跳

drukkie
擁抱

lag
笑

loop
走路

sing
唱

droom
做夢

bid
祈禱

soen
親吻

skryf
書寫

teken
畫

show
展示

druk
推

gee
給

neem
拿

het

有

doen

做

wees

當

staan

站

hardloop

跑

trek

拉

gooi

丟

val

摔倒

jok

躺

wag

等待

dra

攜帶

sit

坐

aantrek

穿衣

slaap

睡覺

wakker word

醒來

kyk na

看

huil

哭

streel

擊

kam

梳頭

praat

交談

verstaan

明白

vra

問

luister

聽

drink

喝

eet

吃

opruim

清理

liefhê

愛

kook

做飯

ry

開車

vlieg

飛

aktiwiteite - 活動

seil
....
航行

bereken
....
計算

lees
....
讀

leer
....
學習

werk
....
工作

trou
....
結婚

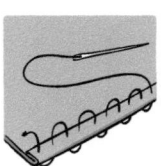

naai
....
縫

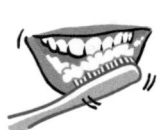

tande borsel
....
刷牙

doodmaak
....
殺

rook
....
抽菸

stuur
....
寄

ouma
祖母

oupa
祖父

pa
父親

ma
母親

baba
嬰兒

dogter
女兒

seun
兒子

gas

客人

tannie

阿姨

oom

叔叔

broer

兄弟

suster

姐妹

liggaam

身體

voorkop
前額
oog
眼睛
skouer
肩膀
vinger
手指
gesig
臉
ken
下巴
hand
手
been
腿
bors
乳房
arm
手臂

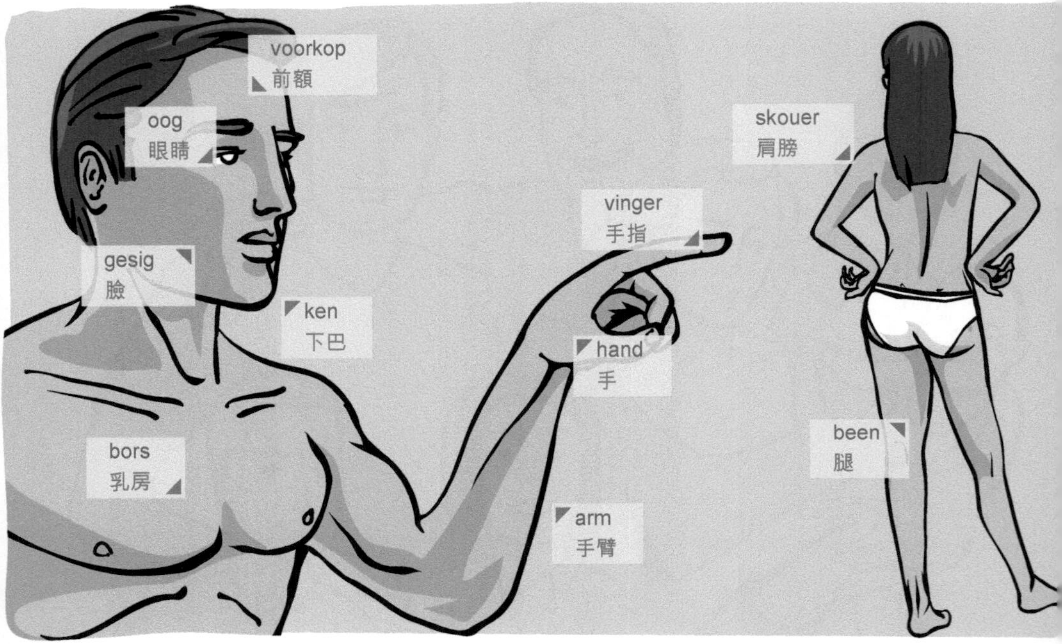

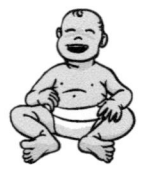

baba

嬰兒

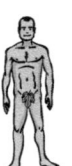

man

男人

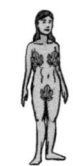

vrou

女人

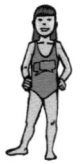

meisie

女孩

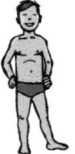

seun

男孩

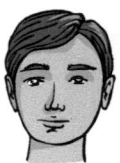

kop

頭

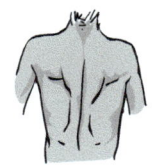

rug

背部

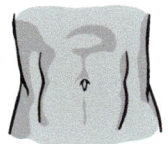

buik

肚子

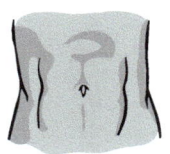

naelstring

肚臍

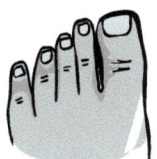

toon

腳趾

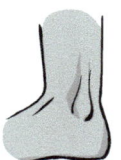

hak

腳後跟

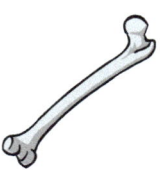

been

骨頭

heup

臀部

knie

膝蓋

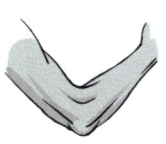

elmboog

手肘

neus

鼻子

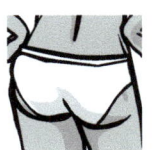

boude

屁股

vel

皮膚

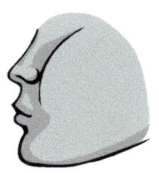

wang

臉頰

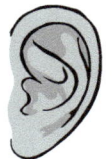

oor

耳朵

lippe

嘴唇

mond

嘴

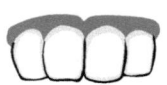

tand

牙齒

tong

舌頭

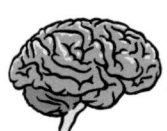

brein

腦

hart

心臟

spiere

肌肉

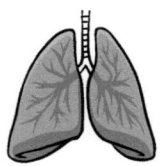

long

肺

lewer

肝臟

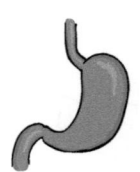

maag

胃

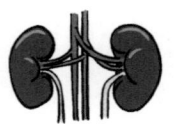

niere

腎臟

seks

性交

kondoom

保險套

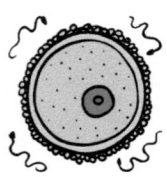

eierstok

卵子

semen

精子

swangerskap

懷孕

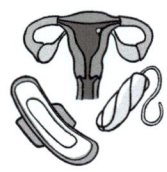

menstruasie

月事

vagina

陰道

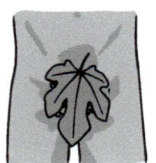

penis

陰莖

wenkbrou

眉毛

hare

頭髮

nek

脖子

hospitaal

醫院

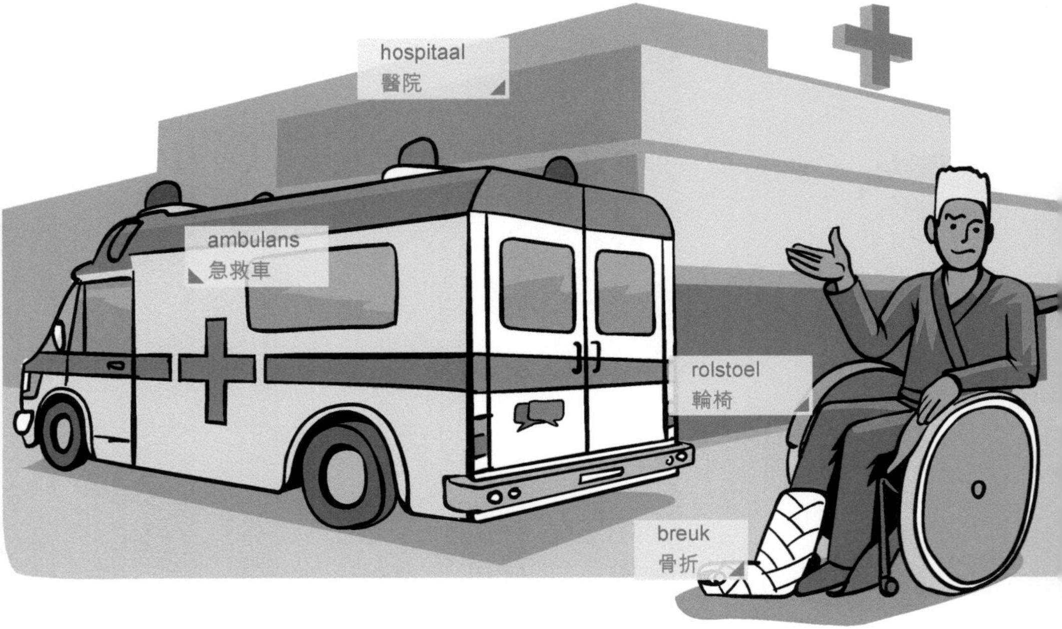

hospitaal
醫院
ambulans
急救車
rolstoel
輪椅
breuk
骨折

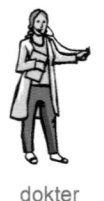

dokter

醫師

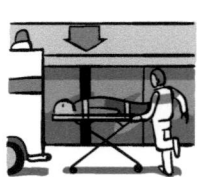

ongevalle

急診室

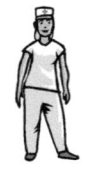

verpleegster

護理師

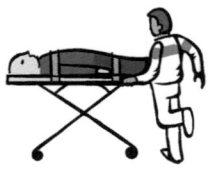

noodgeval

緊急情形

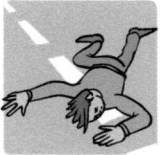

bewusteloos

昏迷

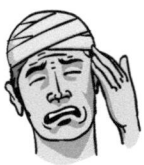

pyn

痛

besering

受傷

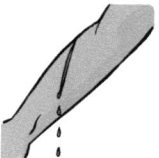

bloeding

出血

hartaanval

心臟病發作

beroerte

中風

allergie

過敏

hoes

咳嗽

koors

發燒

griep

流感

diarree

腹瀉

hoofpyn

頭痛

kanker

癌症

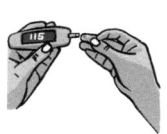

diabetes

糖尿病

chirurg

外科醫師

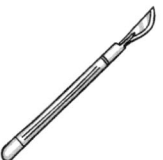

skalpel

手術刀

operasie

手術

CT

電腦斷層掃描

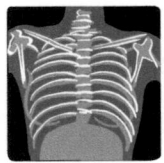

X-straal

X光

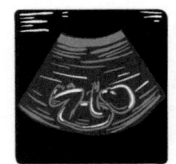

ultraklank

超音波

gesigmasker

口罩

siekte

疾病

wagkamer

候診室

kruk

拐杖

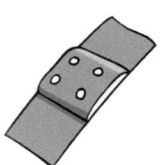

gips

石膏

verband

繃帶

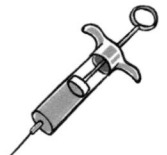

inspuiting

注射

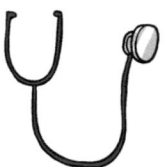

stetoskoop

聽診器

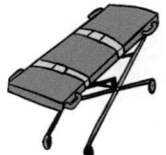

draagbaar

擔架

kliniese termometer

體溫計

geboorte

出生

oorgewig

超重

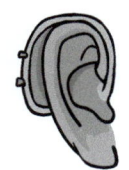

gehoorapparaat

助聽器

ontsmettingsmiddel

消毒液

infeksie

感染

virus

病毒

MIV / vigs

愛滋病

medisyne

藥物

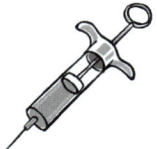

inenting

接種疫苗

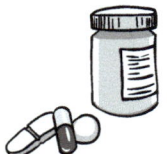

tablette

藥片

pil

藥丸

noodoproep

急救電話

blooddrukmonitor

血壓計

siek / gesond

生病/健康

Help!

救命！

alarm

警報

aanranding

突擊

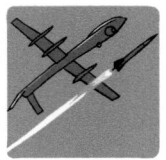

aanval

攻擊

gevaar

危險

nooduitgang

緊急出口

Brand!

失火了！

brandblusser

滅火器

ongeluk

意外

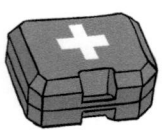

noodhulpkissie

急救箱

SOS

呼救訊號

polisie

員警

Europa

歐洲

Noord-Amerika

北美洲

Suid-Amerika

南美洲

Afrika

非洲

Asië

亞洲

Australië

澳洲

Atlantiese Oseaan

大西洋

Stille Oseaan

太平洋

Indiese Oseaan

印度洋

Antarktiese Oseaan

南冰洋

Arktiese Oseaan

北冰洋

Noordpool

北極

Suidpool

南極

Antarktika

南極洲

aarde

地球

land

陸地

see

海

eiland

島

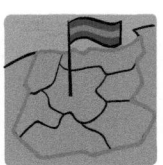

nasie

國家

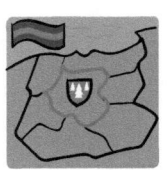

staat

州

horlosie

錶盤

uur-aanwyser

時針

minuut-aanwyser

分針

sekonde-aanwyser

秒針

Hoe laat is dit?

現在幾點？

dag

天

tyd

時間

nou

現在

digitale horlosie

電子錶

minuut

分

uur

時

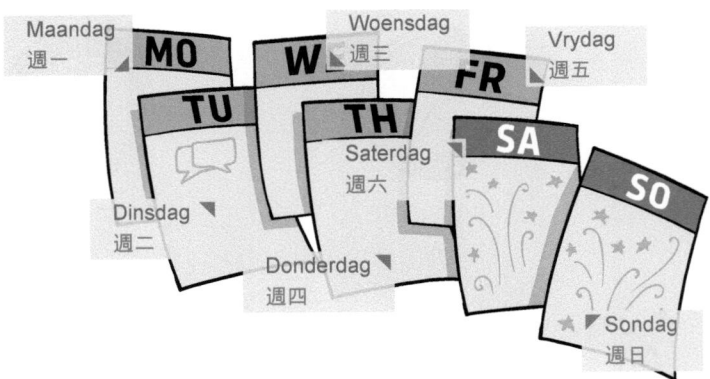

Maandag 週一
Woensdag 週三
Vrydag 週五
Dinsdag 週二
Donderdag 週四
Saterdag 週六
Sondag 週日

gister

昨天

vandag

今天

môre

明天

oggend

早晨

middag

中午

aand

晚上

werksdae

工作日

naweek

週末

reën
雨

reënboog
彩虹

wind
風

sneeu
雪

lente
春

somer
夏

Herfs
秋

winter
冬

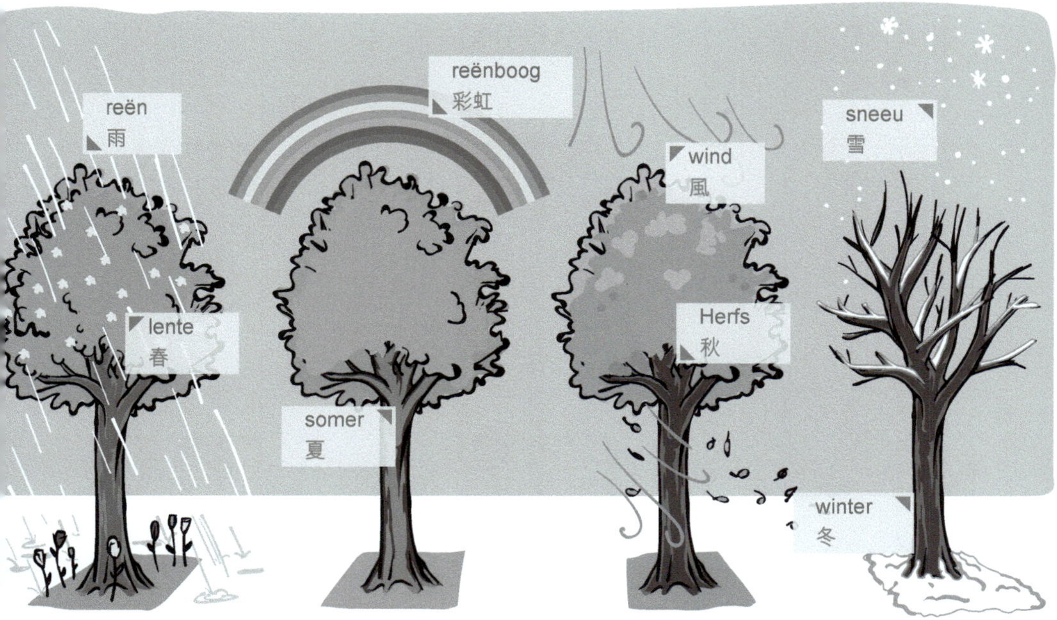

weervoorspelling

天氣預告

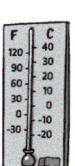

termometer

溫度計

sonskyn

陽光

wolk

雲

mis

霧

humiditeit

潮濕

weerlig

閃電

donderweer

打雷

storm

風暴

hael

冰雹

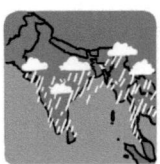

reënseisoen

季風

vloed

洪水

ys

冰

Januarie

一月

Februarie

二月

Maart

三月

April

四月

Mei

五月

Junie

六月

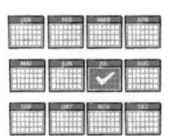

Julie

七月

Augustus

八月

jaar - 年

September

九月

Oktober

十月

November

十一月

Desember

十二月

vorms

形狀

sirkel

圓形

vierkant

正方形

reghoek

長方形

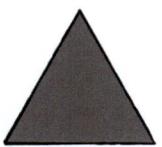

driehoek

三角形

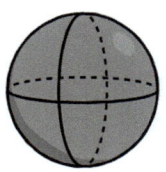

gebied

球體

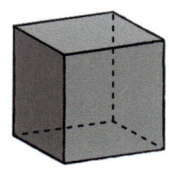

kubus

立方體

wit

白

geel

黃

oranje

橙

pink

粉

rooi

紅

pers

紫

blou

藍

groen

綠

bruin

棕

grys

灰

swart

黑

'n baie / 'n bietjie

很多/少許

kwaad / kalm

生氣/平靜

pragtig / lelik

美/醜

begin / einde

首/尾

groot / klein

大/小

helder / donker

明/暗

broer / suster

兄弟/姐妹

skoon / vuil

乾淨/骯髒

volledige / onvolledige

完整/缺失

dag / nag

白天/晚上

dood / lewendig

死/生

wyd / smal

寬/窄

eetbare / oneetbaar

可食用/非食用

kwaad / vriendelik

邪惡/善良

opgewonde / verveeld

興奮/無聊

vet / maer

胖/瘦

eerste / laaste

第一/最後

vriend / vyand

朋友/敵人

vol / leeg

滿/空

hard / sag

硬/軟

swaar / lig

重/輕

honger / dors

餓/渴

siek / gesond

生病/健康

onwettige / wettige

非法/合法

slim / dom

聰明/愚笨

links / regs

左/右

naby / vêr

近/遠

nuut / tweedehands

新/舊

niks / iets

沒有/有些

oud / jonk

老/幼

aan / af

開/關

oop / toe

打開/闔上

stil / lawaaierig

安靜/吵鬧

ryk / arm

富/窮

reg / verkeerd

對/錯

grof / glad

粗糙/光滑

hartseer / gelukkig

傷心/高興

kort / lank

短/長

stadig / vinnig

慢/快

nat / droog

濕/乾

warm / koel

溫暖/涼爽

oorlog / vrede

戰爭/和平

0
nul
零

1
een
一

2
twee
二

3
drie
三

4
vier
四

5
vyf
五

6
ses
六

7
sewe
七

8
agt
八

9
nege
九

10
tien
十

11
elf
十一

12

twaalf

十二

13

dertien

十三

14

veertien

十四

15

vyftien

十五

16

sestien

十六

17

sewentien

十七

18

agtien

十八

19

negentien

十九

20

twintig

二十

100

honderd

百

1.000

duisend

千

1.000.000

miljoen

百萬

Engels

英語

Amerikaanse Engels

美式英語

Mandaryns

普通話

Hindi

印地語

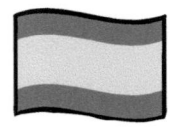

Spaans

西班牙語

Frans

法語

Arabies

阿拉伯語

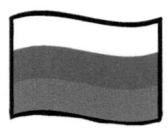

Russies

俄語

Portugees

葡萄牙語

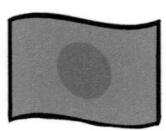

Bengaals

孟加拉語

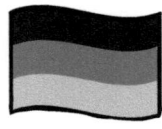

Duits

德語

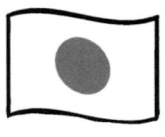

Japanees

日語

Ek

我

jy

你

hy / sy / dit

他/她/它

ons

我們

julle

你們

hulle

他們

wie?

誰?

wat?

什麼?

hoe?

如何?

waar?

何處?

wanneer?

何時?

naam

名字

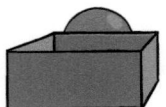

agter

後面

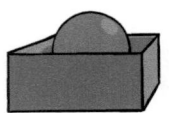

in

裡面

voor

前面

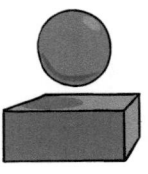

oor

上方

bo-op

上面

onder

下麵

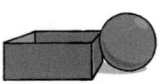

langs

旁邊

tussen

中間

plek

地點